AF226726

RÉSULTATS D'EXPÉRIENCES

SUR

LE TRAVAIL DES ESCLAVES

PAR M. PERRINON

CHEF DE BATAILLON D'ARTILLERIE DE MARINE
ANCIEN ÉLÈVE DE L'ÉCOLE POLYTECHNIQUE

EXTRAIT

DES ANNALES MARITIMES ET COLONIALES
PUBLIÉES PAR MM. BAJOT ET POIRRÉ

PARIS

IMPRIMERIE ROYALE

MAI 1847

RÉSULTATS D'EXPÉRIENCES

SUR

LE TRAVAIL DES ESCLAVES.

Il est généralement admis, comme doctrine, dans les colonies, que le travail n'y est possible qu'avec l'intervention des moyens coercitifs. Les organes même de la publicité, dans ces pays, impriment cet odieux sophisme avec une apparence de profonde et sincère conviction[1]. On serait presque tenté d'y croire, sans l'impérieux besoin de chercher la vérité, sans le vif désir de découvrir, au fond de toutes les plaies de l'esclavage, quelque chose de consolant pour les amis de l'humanité, quelque chose de rassurant pour les partisans du progrès.

J'ai dû me livrer à cette recherche avec d'autant plus d'ardeur, que je compatis de toute mon âme aux souffrances d'une classe d'hommes à laquelle j'appartiens par mon origine.

Je n'ai d'ailleurs ni haine ni passion contre leurs maîtres, qui ne sont ni pires ni meilleurs que le reste de l'humanité. Je me suis donc peut-être trouvé placé dans les meilleurs conditions pour obtenir les résultats qui font l'objet de cette note, ainsi que pour accomplir avec succès une expérience qui n'était pas sans quelques difficultés au milieu d'un pays à esclaves.

Quoi qu'il en soit, il m'est aujourd'hui pour jamais démontré que, non-seulement au point de vue de la morale, les châtiments employés, comme moyens de discipline, contre les noirs ne peuvent être maintenus, mais qu'au point de vue actuel de

[1] Voir *l'Avenir de la Pointe-à-Pitre,* du 14 mai 1845.

1.

la question coloniale ces horribles tortures, par la dégradation de ceux qui les subissent ou qui les emploient, sont, pour le Gouvernement et les colons eux-mêmes, l'obstacle le plus insurmontable à la prospérité de nos possessions d'outre-mer.

Pour en fournir la preuve, je suis forcé de présenter ici quelques détails tout personnels que les nécessités du sujet me feront pardonner.

Des motifs d'intérêt, et plus encore peut-être le désir d'apporter, non des théories, mais des faits à l'appui des opinions généreuses des amis des noirs, m'ont conduit à placer des fonds dans l'exploitation de deux étangs salins situés au N. O. de la partie française de l'île Saint-Martin. Par suite d'une sorte de préjugé contre toute entreprise nouvelle et sortant des voies ordinaires de l'industrie coloniale, le concessionnaire, M. Méry d'Arcy, n'avait pu réunir les sommes nécessaires pour commencer les travaux de premier établissement. Les étangs restaient donc improductifs comme par le passé, lorsque des exigences de service m'amenèrent à Saint-Martin. Je fus mis en rapport avec M. Méry d'Arcy, qui me conduisit à sa concession, et appela mon attention sur les avantages que son exploitation pourrait rapporter au pays et à ceux qui l'entreprendraient. Quelques mois après, nous avions formé une société avec un des négociants les plus honorables de la Basse-Terre, M. Isnardon, et à l'époque où l'hivernage est pour les fonctionnaires publics un temps de repos, je revenais à Saint-Martin diriger les travaux de nos salines.

Dire toutes les représentations, même de mes meilleurs amis, pour me convaincre de la témérité et de l'inanité de ma résolution, serait impossible. L'un disait : « pas de fouet, pas de travail ; » l'autre : « pas de moyens coercitifs, pas de respect, pas d'influence morale. » Celui-ci me rappelait la prétendue paresse des noirs, et s'étonnait que l'esclave, n'ayant aucun but, aucun intérêt dans la société, n'eût pas la vertu de s'accabler de peines et de misères pour augmenter, aux dépens du sien, le bonheur de son maître. Quel est donc l'homme libre qui, aux mêmes conditions, serait meilleur que l'esclave? Celui-là, plus inconséquent encore, me citait, comme une chose parfaitement établie, l'incapacité native du nègre, sans s'inquiéter si l'intelligence n'échappe pas à la vente du corps, si l'esclave n'a pas le libre arbitre d'en réserver l'emploi pour des temps meilleurs. En un mot, je devais succomber à l'épreuve. Ajoutez à cela que ma qualité d'étranger et mon ignorance de la langue anglaise, presque universellement usitée à Saint-Martin, me retiraient deux puissants moyens d'action. En outre, ne possédant aucun esclave pour former un noyau d'atelier, répugnant à acheter des hommes doublement mes frères, je me trouvais en quelque sorte à la merci des travailleurs.

Cependant toutes ces fâcheuses prévisions, toutes ces causes d'insuccès ne purent ébranler ma conviction que les hommes noirs ou blancs sont ce qu'on les fait. Je conçus au contraire des espérances d'autant plus grandes de réussir, que déjà j'avais prévu et examiné toutes les chances bonnes ou mauvaises attachées à la réalisation de mes projets.

En effet, je connaissais la réputation des nègres de Saint-Martin, qui passent pour les plus indisciplinés et les plus paresseux des Antilles françaises. Jusqu'à un certain point, cette réputation s'explique par la facilité qu'ils ont de se soustraire, quand ils le veulent, à l'esclavage, en traversant en quelques minutes le bras de mer, toujours calme, qui sépare leur pays de l'Anguille, île anglaise. Je savais que, par ce motif, la crainte des châtiments rigoureux n'avait aucune action sur eux; que, pour ainsi dire, libres au milieu de la servitude, on ne pourrait leur inculquer l'amour du travail que par une amélioration de leur sort, que par une initiation aux sentiments dans lesquels l'ouvrier libre puise le mobile de toutes ses actions. D'un autre côté, mon expérience des lieux m'avait appris que, malgré le système de compression du régime colonial, les bonnes qualités existaient chez les esclaves comme chez les autres hommes, mais qu'au lieu de se développer, elles restaient à l'état latent, sans autre cause que la position faite à ces malheureux. Je voyais aussi qu'au lieu de chercher à s'éclairer sur ce point par un appel aux nobles passions, les plus ardents à dénier aux noirs la perfectibilité humaine, employaient sciemment, ou à leur insu, les seuls moyens propres à faire ressortir davantage l'infériorité prétendue de la race africaine. Leurs paroles, leurs actions, tendaient sans cesse à retirer à tout homme pratique la pensée même d'une tentative favorable à l'opinion contraire.

Eh! d'ailleurs, quel génie résisterait au régime disciplinaire des ateliers? L'esclavage laisse-t-il à l'infortuné qu'il abrutit cette indépendance de la pensée si nécessaire au développement des facultés humaines? Cette atonie morale, que son contact étend jusqu'aux maîtres, n'entretient-elle pas leur persistance à confondre toujours l'effet avec la cause, à vouloir que dans l'esclave et non dans son affreuse position résident tous les vices qu'on lui reproche!

A mon arrivée sur les lieux où sont situés les étangs, j'eus d'abord quelque peine à réunir un petit nombre de travailleurs, soit libres, soit esclaves. Mais bientôt plusieurs habitants voisins ne tardèrent pas à m'offrir une partie de leurs nègres. Grâce à ce renfort, notre atelier se composa, peu de jours après, d'environ une centaine de travailleurs de toutes conditions et venus de tous côtés.

Ce concours de la part des maîtres, impossible à obtenir dans les autres colonies françaises, m'était garanti, à Saint-Martin, par l'intérêt des propriétaires. En effet, à cause de l'extrême sécheresse qui règne presque toujours dans cette île, la production du sucre y est très-faible, et n'y attire pendant l'année qu'un petit nombre de caboteurs. Aussi, pour écouler leur denrée, les planteurs, déjà maltraités par le climat, sont-ils obligés de la livrer en perdant, sur le prix des marchés de la Basse-Terre et de la Pointe-à-Pitre, 5, 6 et quelquefois 8 francs par quintal. Il en est de même du rhum, qui, malgré sa supériorité sur celui des autres colonies françaises, subit néanmoins une grande diminution de valeur. Quant aux marchandises provenant de la Guadeloupe, elles éprouvent une hausse qu'expliquent leur transport et les transactions dont elles ont déjà été l'objet. De cette manière, toutes les charges sont supportées par l'habitant, sans aucune compensation, sans aucun avantage, et la franchise du Marigot, port principal de l'île, devient illusoire pour lui.

Or, à partir du jour où les salines seront en plein rapport, la réputation dont jouissent leurs produits sur le marché des États-Unis attirera à Saint-Martin les bâtiments de cette nation. Certains de trouver des avantages réels dans un commerce d'échange, ils approvisionneront l'île, à des prix beaucoup moins élevés, de toutes les marchandises qu'elle paye si cher à la Guadeloupe. D'autre part, la bonne qualité des sels de Saint-Martin, auxquels les Américains doivent en partie la beauté de leurs salaisons, engagera les navires employés à la pêche de la morue à ne plus effectuer des voyages onéreux pour aller s'approvisionner en France. Enfin, au lieu de regagner Terre-Neuve sur lest, ces navires trouveront un chargement avantageux à quelques lieues de la Martinique et de la Guadeloupe, où ils vont vendre leur cargaisons.

La morue nécessaire aux engrais et à la consommation pourra donc être transportée et livrée à Saint-Martin au même prix que dans nos autres Antilles. De là, pour les habitants, une diminution considérable sur le prix de faisance-valoir, un moyen de développer la production du sucre, et de donner aux terres, presque sans rapport, une valeur qu'elles sont loin d'avoir aujourd'hui. En outre, le commerce, qui finit toujours par attirer sur le lieu où il s'exerce une abondance de population, et par suite de nouvelles transactions, rendra plus facile et plus avantageux l'écoulement des productions de l'île.

Ces rapides considérations, réunies à ce que nous avons dit plus haut de la position particulière de Saint-Martin, expliqueront suffisamment l'heureuse anomalie que présente le caractère des colons de cette île. Toutefois, il serait injuste de n'attribuer qu'à des motifs d'intérêt leurs bienveillantes dispositions à l'égard des esclaves. On doit y voir aussi l'influence des principes moraux puisés à la source de sentiments religieux sincères et profonds. Étrangers à l'église romaine, les habitants de Saint-Martin appartiennent, pour la plupart, à différentes sectes du christianisme. Fervents, comme tous ceux auxquels on conteste la liberté de conscience, ils trouvent, pour le bonheur des esclaves, dans le zèle mal entendu d'un ecclésiastique irlandais, des motifs suffisants pour rester fermement attachés à leurs croyances. Ils y puisent aussi de profondes sympathies pour un ministre dissident favorable à l'émancipation, qui leur inspire, sur les terres hollandaises, où règne cependant l'esclavage, des sentiments d'humanité et de fraternité vraiment chrétienne.

On conçoit qu'avec de pareils éléments ma tâche dut être moins difficile, et l'on peut conclure déjà combien la bonne volonté des maîtres éviterait d'embarras au gouvernement métropolitain. Ce qui va suivre démontrera jusqu'à l'évidence que l'émancipation ne serait plus une question si les esclaves avaient l'habitude d'être traités comme des hommes.

Nos principaux ouvrages consistaient : 1° dans la construction de fortes et longues digues d'enceinte destinées à séparer les eaux salées venant de la mer des eaux pluviales descendant des montagnes ; 2° dans la division de l'aire ainsi réservée par d'autres digues moins importantes. Le fond sur lequel ces différentes digues devaient être établies se trouvait très-vaseux. La petite quantité d'eau dont il était couvert, exposée pendant toute la journée aux ardeurs d'un soleil brûlant, rendait fort pénible et difficile l'enfoncement des pieux destinés à recevoir le clayonnage des faces des digues. Ces pieux étaient coupés, à une assez grande distance de l'étang, sur des mornes où n'existent même encore que quelques sentiers praticables seulement aux piétons.

Les travailleurs étaient employés, suivant les besoins du service, partie à couper et à transporter les bois, partie à enfoncer les pieux et à clayonner, partie à piocher, pelleter et brouetter les terres de remplissage. Enfin des ouvriers de différentes professions s'occupaient uniquement de la construction et de la réparation des voitures et engins que réclamaient les opérations de l'atelier. Pour ce qui regarde l'ordre sur les travaux, chaque section de dix hommes était commandée par un chef et un sous-chef. Le choix en était fait uniquement d'après leur aptitude, leur intelligence et leur conduite, parmi les libres et les esclaves mêlés ensemble et travaillant de concert.

Ce fait très-significatif, dont on chercherait vainement à détruire la portée par des motifs d'exception, montre déjà qu'avec un peu de bon vouloir les colons trouveront certainement, après l'émancipation, des libres pour cultiver leurs habitations, s'ils consentent à les payer équitablement, et surtout à les traiter avec égard. Mais en admettant que, dans l'état actuel des colonies, les affranchis éprouvent, pour le travail en commun avec les esclaves, cette antipathie que justifierait au besoin le mépris du maître pour son laboureur, il reste établi par ce qui précède que la fainéantise et le vol ne sauraient être la conséquence de l'émancipation. Comment, en effet, cette crainte serait-elle raisonnable, quand déjà, dans les lieux mêmes où l'esclavage existe, de nouveaux libres viennent, de leur propre mouvement, donner le plus éclatant démenti à de pareilles assertions, en partageant, pour un salaire modéré, les fatigues et les travaux de leurs anciens frères?

Ici encore les colons subissent l'influence des intérêts qu'ils défendent. Ils reprochent aux affranchis de ne pas vouloir travailler avec les esclaves, et jamais aucun d'eux peut-être n'a osé le leur proposer. Au contraire, ils les éloignent et les repous-

sent, tant ils redoutent pour leurs ateliers le contact des libres.
Sans cela, on ne pourrait s'expliquer pourquoi, depuis si long-
temps, aucune expérience sérieuse n'a été faite, soit à la Martinique, soit à la Guadeloupe, pour prouver la possibilité ou l'impossibilité du travail en commun, lorsque deux ou trois mois ont
suffi pour fixer, à Saint-Martin, toutes les opinions sur ce point.

En effet, par la persuasion, la fermeté et la justice, je suis
parvenu, au bout de peu de temps, à établir une subordination
telle, que les ordres donnés par les chefs et sous-chefs de sections sont maintenant encore aussi bien respectés que s'ils venaient de moi-même. Le refus d'y obtempérer n'entraîne
pourtant que l'expulsion du coupable, libre ou esclave, sans
l'intervention des châtiments corporels à jamais proscrits de
nos travaux.

Qu'a-t-il fallu pour arriver à ce but? L'introduction dans l'a-
telier d'une discipline analogue à celle de l'armée, et qui, em-
ployée dans les colonies avec intelligence et justice, me paraît
susceptible des meilleurs résultats.

Ainsi, les punitions se composent du blâme, de la suppres-
sion, pendant un ou plusieurs jours, de la quantité de rhum à
laquelle chaque homme a droit, de celle d'une portion de sa
solde, et même de sa solde entière, du renvoi de l'atelier pour
un temps déterminé, et enfin du renvoi définitif. En outre,
des gratifications en argent étant accordées chaque quinzaine
aux hommes les plus laborieux, ceux qui ont encouru la plus
légère punition non-seulement n'y ont aucun droit, mais encore sont réprimandés en présence de leurs camarades. D'un
autre côté, le travail et le zèle sont récompensés par une augmentation de la solde journalière, par l'avancement au grade
de chef et de sous-chef, par la gratification avec une mention
honorable à l'ordre de la quinzaine, et par toutes les petites
faveurs qui encouragent l'ouvrier sans lui donner des goûts de
dissipation et d'oisiveté.

Au bout de deux mois d'application de ce système, j'ai été
forcé de dépasser par quinzaine les allocations fixées pour ré-
compenses. J'ai vu des hommes, ayant encouru la réprimande,
devenir l'objet des plaisanteries de leurs camarades et abandonner l'atelier par un sentiment d'amour-propre et de suscep-
tibilité excessifs peut-être, mais qui révèle tout le parti qu'on en
pourrait tirer pour le bien.

Quoique pour tous les hommes libres ce système fût facilement praticable, cependant pour les esclaves il offrait, dans l'application d'une de ses parties, certaines difficultés auxquelles j'ai obvié de la manière suivante : Je suis convenu avec le maître que je lui donnerais seulement une portion de la solde gagnée par son esclave, et que celle restée entre mes mains serait remise ou retenue à celui-ci, en tout ou partie, suivant les services rendus. D'un autre côté, toutes les augmentations de salaire, toutes les gratifications méritées par l'esclave lui reviennent de plein droit, sans que son maître en puisse rien réclamer.

On conçoit aisément, d'après cela, combien il était facile d'arriver au but que je m'étais proposé ; car, aux yeux de l'esclave, la plus petite somme a autant de valeur qu'une beaucoup plus forte aux yeux de l'homme libre, et pour la gagner il apporte toute la bonne volonté et les efforts de celui-ci. Aussi, je le puis affirmer, il m'est rarement arrivé, dans les premiers temps de nos travaux, d'employer la retenue du salaire comme moyen de discipline. A mon départ des Antilles, on le considérait dans l'atelier plutôt comme un objet propre à maintenir les bonnes dispositions des travailleurs que comme une nécessité de chaque instant.

Il y avait encore à vaincre une autre difficulté, et peut-être un sérieux obstacle, c'était d'arriver à substituer au travail à la journée le travail à la tâche. Malgré les merveilleux résultats obtenus dans les colonies anglaises, on ne pouvait le faire approuver à nos ouvriers, tant d'abord étaient fortes chez eux la routine et la méfiance. Mais peu à peu, avec de la persévérance et de la suite, j'ai fini par les amener où je voulais, ce qui m'eût été impossible en employant la force. Aujourd'hui tout l'atelier préfère ce mode de travail, qui lui permet, une fois sa tâche terminée, de jouir de sa liberté, et de se reposer souvent deux heures de la journée, en dehors du temps accordé pour le repas du matin [1].

Ces résultats, on le pense bien, ne furent pas obtenus immédiatement. J'eus à combattre, comme cela arrive journellement en France, des refus de travail, des coalitions d'ouvriers et des demandes exagérées de salaire, qui, si l'on osait encore

---

[1] On trouve de nombreux exemples de semblables faits dans l'ouvrage de M. V. Schœlcher : *Colonies étrangères et Haïti.*

avancer que les nègres ne font pas partie de l'espèce humaine, serviraient peut-être de preuves pour établir le contraire. Je citerai à ce propos le fait suivant, qui constate combien il est facile de diriger ces natures qu'on dit si mauvaises et si vicieuses.

J'avais placé à la tête d'une des sections de l'atelier un nègre libre et fort intelligent nommé Richard, qui connaissait un peu le français et avait parfaitement compris de quelle utilité il pourrait être pour moi. Homme d'un caractère très-énergique et assez difficile, il exerçait sur ses camarades une influence fatale au bon ordre, et déjà j'avais eu occasion, dans différentes circonstances, de combattre ses fâcheuses tendances.

Un matin, à l'heure de l'appel, je remarquai parmi les travailleurs de l'hésitation à reprendre la besogne, et j'appris, de la bouche de Richard, que ni ses camarades ni lui ne voulaient continuer à rester dans l'atelier aux mêmes conditions.

Aussitôt, j'engageai ceux qui avaient été entraînés par les mauvais conseils à se séparer des autres, et m'adressant à deux chefs de section, l'un libre, l'autre esclave, que je savais très-dévoués à ma personne : « Voulez-vous, leur dis-je, aussi m'abandonner? » Pour toute réponse, ils sortirent du groupe des mécontents, et leur exemple fut suivi par douze ou quinze des plus laborieux. Alors, après avoir donné aux indécis un temps suffisant pour fixer leur résolution, je fis prendre les noms de ceux qui m'étaient restés fidèles, et je priai les autres de s'en aller, en leur déclarant que je n'avais plus aucun besoin de leurs services. Ensuite j'envoyai ostensiblement un exprès au maire pour l'instruire de ce qui venait de se passer, et j'écrivis au juge de paix, homme de bien et conciliant, pour lui demander le concours de son autorité.

Ces seules démonstrations suffirent pour faire regretter à tous ce moment d'erreur. Le jour même plusieurs vinrent, tout honteux, me prier de les recevoir dans l'atelier, et le lendemain, à l'appel du matin, les travailleurs étaient aussi nombreux qu'avant leur coalition. J'admis facilement l'excuse du plus grand nombre, mais je persistai à maintenir l'exclusion prononcée contre ceux qui s'étaient fait remarquer par leur turbulence.

Pendant les jours suivants, je fus l'objet des sollicitations de ces derniers, et je me relâchai de ma sévérité à mesure que je reconnaissais chez eux un désir sincère de ne plus me remettre dans l'obligation de sévir. Bientôt tous les hommes de l'atelier, à l'exception de Richard, rentrèrent au travail, et il n'y eut plus aucune difficulté entre eux et moi. Quant à celui-ci, que je savais être l'auteur du désordre, je ne pus, dans la crainte de quelque nouveau conflit, me décider à le reprendre de suite, et je résistai pendant plus d'un mois à ses pressantes démarches. Enfin il se présenta un jour devant moi, sous les auspices du conducteur des travaux, et, les larmes aux yeux, il me pria d'oublier sa conduite passée et de lui donner de l'occupation, à quelque condition que ce fût. Ce retour me convainquit qu'il y avait chez lui plutôt de l'inconséquence que de mauvais penchants, et me décida à tenter une nouvelle épreuve. Lui reprochant alors d'avoir manqué à la confiance que j'avais eue en lui : J'ai donné, lui dis-je, vos fonctions à un autre, et, pour les obtenir de nouveau, il vous faudra passer par les différentes classes d'ouvriers. Il souscrivit aussitôt à cette condition, et à partir de ce moment, il travailla avec tant de zèle et de courage, qu'au bout de trois semaines j'ai été forcé, par un sentiment de justice, de le placer à la tête d'une nouvelle section. Depuis lors on n'a jamais eu à se plaindre de lui, et il est en ce moment un de nos meilleurs terrassiers.

Cet événement a suffi pour établir d'une manière solide mon autorité, et pour m'attirer à jamais la confiance de tous. Chacun a voulu, en rivalisant d'activité et d'obéissance, me convaincre de ses bonnes dispositions. Désormais l'ordre et la discipline ont été religieusement observés, sans murmures, sans hésitation. Enfin, ces hommes auxquels il m'a fallu apprendre le meilleur mode d'employer la pelle et la brouette, remplissent constamment, depuis plus de dix-huit mois, la même tâche que les bons journaliers de France. Jamais je ne les ai entendus se plaindre des fatigues inhérentes à l'excessive chaleur qui règne sur les étangs. Jamais ils n'ont murmuré contre la nécessité de séjourner dix heures de suite dans une eau tellement chaude et salée, qu'on est obligé quelquefois de faire cesser leurs occupations pour leur éviter aux jambes les plaies qui seraient la conséquence d'un trop long séjour dans les marais salants. Des observations faites avec beaucoup de soin me permettent même d'affirmer qu'aujourd'hui six travailleurs et deux apprentis enfoncent, par jour, à coups de masse, jusqu'à refus, à une pro-

fondeur de 2 mètres à 2ᵐ,5o, deux cent quarante pieux de
0ᵐ,10 à 0ᵐ,12 de diamètre, et que six terrassiers jettent à la
pelle 60 à 70 mètres cubes de terre pendant le même temps.
Quant aux conducteurs de brouettes, ils ne transportent point
les terres au pas, mais à la course.

Cet état de choses contredit si victorieusement les assertions
des hommes qui accusent les noirs d'être rebelles au travail libre
et à la civilisation, que je le considère comme la preuve la plus
convaincante de la fausseté de leurs jugements. Cependant,
pour arriver à ces résultats, il m'a seulement suffi d'imprimer
une honorable direction au sentiment d'excessif amour-propre
dont la race africaine est pénétrée. Je n'ai eu besoin que d'établir dans l'atelier une rivalité dont il faut chercher la source
plutôt dans un noble instinct que dans l'attrait d'une récom-
peuse fort minime. Je citerai à l'appui de cette opinion la nécessité, pour le conducteur, d'arrêter à chaque instant des dis-
cussions occasionnées par le désir de bien faire.

Les brouetteurs, obligés de passer tous sur un pont très-étroit
pour voiturer leurs terres à la digue, s'ingénient à qui devancera
l'autre, et ne souffrent pas qu'aucun d'eux mette des obstacles
à la circulation. Qu'une brouette vienne, en se cassant ou en se
renversant, à arrêter momentanément la marche du travail, ce
sont des cris, des plaintes contre celui qui a causé ce contre-
temps. On l'accuse de maladresse et de mauvais vouloir, et,
s'il est coutumier du fait, on demande son renvoi au conducteur.

Cette ardeur est si générale, que les plus paresseux l'éprouvent malgré eux, par une sorte d'entraînement, et les maîtres
qui viennent quelquefois visiter nos travaux ne peuvent revenir
de leur étonnement, tant est complète la métamorphose opérée
parmi leurs esclaves.

Je dirai plus : l'une des deux fractions de l'atelier, après avoir
achevé sa tâche, est venue souvent demander une augmentation
de travail, sans autre intérêt que le plaisir de me prouver sa supériorité sur l'autre, et de me convaincre de son zèle et de son
dévouement. Alors il fallait les voir revenir, à la fin de la journée, brandissant leurs outils en signe d'allégresse, précédés de
drapeaux improvisés, et chantant quelque air où respiraient toujours la satisfaction que donne la victoire, et le mépris qu'inspire la défaite. Si le hasard me faisait rencontrer par eux, les

hourras devenaient plus vifs et plus bruyants, les chefs m'escortaient avec leurs drapeaux, et je ne pouvais me soustraire aux témoignages de leur affection qu'en consentant à accepter leur compagnie jusqu'à mon logement. Non, jamais je n'ai aussi vivement senti que dans ces doux moments combien est largement récompensé, par l'amour des autres, l'homme à qui il a été permis de faire quelque bien! Jamais je n'ai éprouvé un plus profond dégoût pour l'esclavage, cet état de misère et d'abjection qui arrête le développement d'instincts aussi nobles, aussi généreux!

D'un autre côté, des vols de bestiaux se commettaient journellement dans le quartier où sont situées nos salines. Ils avaient pour cause la misère de quelques malheureux esclaves appartenant à des maîtres aussi malheureux qu'eux, et l'impossibilité, où se trouvait un certain nombre d'hommes libres, de se procurer des occupations suffisantes pour vivre. Du jour où ces pauvres gens ont pu trouver dans nos ateliers des moyens d'existence honorables, ces honteuses soustractions ont complétement disparu, comme pour donner un démenti à ceux qui prétendent que l'introduction du travail libre aux colonies n'engendrera que l'organisation du vol et de la paresse[1].

Après des faits aussi concluants, sur lesquels toute une population peut apporter l'unanimité de son témoignage, comment ne pas vouloir comprendre que des sentiments assez profonds pour résister au plus complet avilissement de l'humanité trouveront dans la liberté de bien puissants aliments? Peut-on soutenir maintenant que les esclaves n'ont point de cœur, et qu'ils sont insensibles à d'autres stimulants que celui des coups? Osera-t-on dire encore que, par exception aux autres hommes, l'intérêt, l'amour-propre et les bons traitements agissent sur leurs cœurs comme un choc sur un corps sans ressort et incapable de mouvement?

Lorsque les esclaves et les libres sont l'objet de tant d'éloignement et de mépris, comment les bons ouvriers de France

---

[1] Il est digne de remarque que partout les mêmes causes ont produit les mêmes effets. A Saint-Christophe, où j'ai passé quelques jours, un honorable négociant, M. Peterson, m'a affirmé que, depuis l'émancipation, les affranchis avaient surtout démenti, par leur probité, les fâcheuses prévisions de leurs détracteurs. M. Schœlcher, qui a visité les autres Antilles, donne aussi, à l'appui de la disparition des vols, des preuves nombreuses et incontestables.

prendraient-ils part aux travaux des laboureurs? Comment iraient-ils s'associer avec ces malheureux à la culture de la terre? Il est bien plus facile, pour expliquer leur répulsion, de proclamer partout l'impossibilité pour les blancs de remplacer aux Antilles les noirs dans les occupations de la campagne. Il est bien plus simple de rejeter sur l'insalubrité du climat ce qui est plutôt la conséquence forcée de l'esclavage. Pourtant chaque jour des soldats français construisent en plein soleil des routes coloniales, et leur état sanitaire est de beaucoup plus satisfaisant que celui de leurs camarades qui habitent les villes. Pourtant, dans l'île suédoise de Saint-Barthélemy, toute une population d'anciens Normands, qui ont conservé les usages et le patois primitifs, constitue la classe laborieuse des laboureurs!

Mais, vous répond-on, « ils travaillent sur les routes, ils s'occupent d'autre culture que celle de la canne, et, s'ils venaient *à épailler nos champs,* ils tomberaient mortellement frappés. » C'est avec de pareilles assertions, repoussées par la raison, qu'on éloigne les sympathies des métropolitains pour les noirs; c'est en étouffant sous les intérêts matériels les intérêts beaucoup plus sacrés de l'humanité qu'on perpétue dans les colonies un état de choses intolérable.

Quant à nous, qui avons constamment combattu les prophéties de malheur, nous demeurons plus que jamais convaincu que l'émancipation serait un immense bien pour les colonies. Quant à nous, qui désirons sincèrement que ces pays occupent un jour la place que leur assigne la richesse de leur végétation et de leur climat, nous ne voyons que l'abolition de l'esclavage qui puisse la leur donner. C'est elle seule qui y introduirait non-seulement les forces morales de la civilisation européenne, mais encore la puissance industrielle indispensable pour les conduire à leur maximum de prospérité. Les progrès de l'industrie sont inhérents à ceux de la liberté, et cette vérité séculaire ne saurait devenir un mensonge parce qu'il s'agit de la fabrication du sucre. Loin de là, ces deux principes de la prospérité publique sont liés entre eux par une telle corrélation, que l'un ne peut marcher sans entraîner l'autre dans son mouvement.